Münster

lieben lernen

Der perfekte Reiseführer für einen unvergessli-chen Aufenthalt in Münster inkl. Insider-Tipps, Tipps zum Geldsparen und Packliste

Luisa Fischer

INHALT

Prolog

Samstagmorgens auf dem Domplatz: Der Blumenhändler bindet einen Strauß frischer Tulpen für eine Kundin, ein Münsteraner Ehepaar erledigt seinen Wochenendeinkauf und der Geruch nach frischem Kaffee liegt in der Luft. Die Studenten stehen in Grüppchen zusammen und zögern ihre Frühstückspause hinaus, bevor es wieder zurück in die Bibliothek geht.

Der Wochenmarkt ist ein Anziehungspunkt für die zahlreichen Tagestouristen, die stetig nach Münster strömen. Nirgendwo sonst erlebt man den Münsteraner Flair in einer so geballten Ladung.

Umgeben von zahlreichen Straßencafés, dem Dom und einem Universitätsgebäude kann man wunderbar über den Marktplatz flanieren und bei gutem Wetter die Sonne genießen. Holländische Lakritz, Tulpen und die berühmt-berüchtigte Käsetüte sollte man sich hierbei nicht entgehen lassen.

Auf dem Münsteraner Markt scheint die Zeit offensichtlich still zu stehen. Von der Hektik des Alltags, vom Verkehrslärm und auch von Kriminellen fehlt – so scheint es – jede Spur. Es würde einen auch nicht wundern, wenn gleich ein Pferdekarren über das Kopfsteinpflaster holpert.

Münster ist also eine Blase. Der Akademikeranteil liegt mit etwa 44,6 % über dem Durchschnitt in Deutschland, es wimmelt nur so von Beamten und eine Kirche reiht sich an die nächste. Die 300.000-Einwohner-Stadt ist auf den ersten Blick ein hübsches Städtchen, aber dafür sehr katholisch und konservativ.

Doch wird man der Domstadt mit dieser knappen Beschreibung gerecht? Entgegen den Vorurteilen sollte ein Starterpaket für einen Neu-Münsteraner nicht aus einer Bibel, einem „Die Zeit"-Abo und einer Hornbrille bestehen. Münster ist so bunt und vielseitig wie seine Einwohner. Allein durch die 65.000 Studenten, die aus der ganzen Republik nach Münster ziehen, um in der lebenswertesten Stadt NRWs zu studieren, begegnet man ganz verschiedenen Arten von Menschen. Und sowohl die Stadt selbst als auch das Umland haben landschaftlich, kulturell und historisch viel zu bieten.

Was bei Erkundungen im Münsterland jedoch wirklich nie fehlen darf, sind die Regenhose und ein Fahrrad. Äh, Leeze – pardon!

Lage

Eingebettet von grünen Wiesen und Feldern liegt die Stadt Münster. Aus der Luft ähnelt die Innenstadt Münsters einer kleinen Festung, die durch die kreisförmige Promenade scheinbar von der Außenwelt und von potentiellen Feinden abgegrenzt wird.

Nicht unweit des Zentrums stehen die Gebäude schon weiter auseinander, Siedlungen und Parks grenzen aneinander und die ersten Pferdeställe kommen in Sicht.

„Münster ist ein Dorf“ ist ein Satz, den man von den Einwohnern der Domstadt immer wieder zu hören bekommt. Dieser Eindruck zwängt sich einem nämlich trotz der mehr als 300.000 Einwohner auf. Und der Eindruck kommt nicht von ungefähr: Münster gehört zu den flächengrößten Städten in Deutschland und dementsprechend niedrig ist die Bebauung. Die Einwohner verteilen sich besser und anstelle von Hochhäusern und Wolkenkratzern entdeckt man in Münster vor allem Villen, Einfamilienhäuser und verhältnismäßig kleine Mietshäuser. Etwas weiter außerhalb wird das Bild des Münsterlandes von landwirtschaftlichen Betrieben und Pferdehöfen geprägt. Es ist darum nur logisch, dass man in den kleinen Ballungszentren von Münster oft auf bekannte Gesichter trifft und schnell merkt, was man unter dem Dorfcharakter der Fahrradstadt versteht.

Trotz seiner eher ländlichen Lage ist Münster gut angebunden. Mit dem Auto und dem Zug ist man schnell in den Nachbarstädten. Die niederländische Stadt Enschede ist nur etwa 65 Kilometer entfernt und eignet sich prima für einen Tagestrip. Andere Großstädte in der Umgebung sind Osnabrück und Hamm oder auch Dortmund und Bielefeld.

Geschichte

DIE PROMENADE

Grüner Gürtel, Promenade, Ring, ... die grüne Promenade, die die Münsteraner Innenstadt einmal umrundet, hat viele verschiedene Namen. Im Sommer spenden die Bäume den zahlreichen Joggern und Fahrradfahrern Schatten, im Herbst eignet sich die 4,5 Kilometer lange Allee prima als Fotomotiv. Fast jedes Ziel in Münster führt einen zumindest ein kurzes Stück über die Promenade und vereinfacht einem die meist ohnehin schon kurzen Wege. Seinen Ruf als Fahrradstadt hat Münster daher maßgeblich diesem Befestigungsring zu verdanken. Er ist für Kraftfahrzeuge aller Art gesperrt.

Die heutige Promenade blickt auf eine lange Geschichte zurück: Das offizielle Gründungsjahr Münsters ist auf das Jahr 793 datiert. Zu dieser Zeit gründete Friese Liudger im Auftrag von Karl dem Großen ein Kloster in der heutigen Fahrradstadt. Im Jahr 805 wurde ein Bistum eingerichtet. Nachdem das Dorf 1197 niederbrannte, machten sich die Einwohner an den Wiederaufbau. Im Zuge dessen errichteten sie auch eine Stadtmauer. Diese war acht bis zehn Meter hoch, vier Kilometer lang und befand sich dort, wo heute die Promenade ist. Erst nach dem Siebenjährigen Krieg von 1756 bis 1768 musste die Stadtmauer der Lindenallee weichen.

An einer Stelle der Promenade erinnert ein Mahnmal an vergangene Zeiten. Der „Zwinger", wie er heute genannt wird, war in Zeiten des Nationalsozialismus Gefängnis und Hinrichtungsstätte der Gestapo.

Die Promenade ist heute nicht nur eine praktische Verkehrsachse, sondern auch ein beliebter Veranstaltungsort. Fünfmal im Jahr findet auf dem Teil vor dem Münsteraner Schloss ein Flohmarkt statt. An diesen Tagen versammeln sich Menschen jeden Alters auf der Lindenallee, um mit Händlern über den Preis von altem Porzellan, Brettspielen oder Gemälden zu feilschen.

DIE „WIEDERTÄUFER-KÄFIGE"

Wenn Sie auf dem Prinzipalmarkt in Münster spazieren, werden Sie unweigerlich an der Lambertikirche vorbeikommen. An der Südseite dieser Kirche befinden sich drei eiserne Käfige. Deren Geschichte geht zurück bis ins Jahr 1535: Am 25. Juni 1535 konnten die Truppen des Bischofs Franz von Waldeck das von den Täufern verteidigte Münster einnehmen. Die Täufer waren Teil einer radikalreformatischen-christlichen Bewegung. Drei dieser Täufer wurden in Haus Dülmen verhört und im darauffolgenden Jahr zum Tode verurteilt. Die Körper der Exekutierten wurden in Käfige gesteckt und an der Lambertikirche hochgezogen. Die Leichen sind von da an in den Käfigen geblieben und waren jeder Witterung ausgesetzt. Noch im Jahre 1585 sollen letzte Knochenreste zu sehen gewesen sein. Die eisernen Käfige sind so zu einem Wahrzeichen von Münster geworden. Heutzutage wird jedoch diskutiert, ob die Instrumente der damaligen Strafjustiz noch derart zur Schau gestellt werden sollten.

DER WESTFÄLISCHE FRIEDE

Wenn es um den Westfälischen Frieden geht, darf die Stadt Münster in keinem Geschichtsbuch fehlen. Mit dem Friedensschluss vom 24. Oktober 1648 im Ratssaal von Münster galten sowohl der Dreißigjährige Krieg in Deutschland als auch der Achtzigjährige Unabhängigkeitskrieg zwischen den Niederlanden und Spanien als beendet. Bereits seit 1645 hatten sich Delegierte aus ganz Europa in Münster oder in Osnabrück versammelt, um die Verträge auszuhandeln und dem Blutvergießen im Rahmen der Kriege ein Ende zu bereiten.

Heute ist der Friedensaal im Historischen Rathaus von Münster täglich für Besucher geöffnet. Es werden auch interessante Führungen angeboten, bei denen man viel über die Historie lernen kann.

DER ZWEITE WELTKRIEG

Läuft man durch Münsters Innenstadt, reihen sich historisch anmutende Häuser aneinander. Einmal mehr wird der Eindruck vermittelt, als sei die Zeit hier stehen geblieben. Verwitterte Ladenschilder hängen vor Boutiquen, Drogerien oder Sportgeschäften. Ihre cleanen Innenräume bilden einen Kontrast zu den bunten Giebelhäusern.

Ich + Ich singen in ihrem Song „Stark“: „Ist alles nur Fassade, schau mal genauer hin“. Diese Liedzeilen treffen haargenau auf die Münsteraner Innenstadt zu. Nachdem nämlich das historische Zentrum Münsters im Zweiten Weltkrieg durch Bombenangriffe der Alliierten zu 91 % zerstört worden ist, wurde Münster in den 1950er Jahren wieder nach dem historischen Bild aufgebaut. Auch heute noch werden in regelmäßigen Abständen Teile von Münsters Innenstadt gesperrt, um Blindgänger zu entschärfen.

DAS GASTHAUS LEVE

Auch das Gasthaus Leve ist schon fast ein Teil der Geschichte Münsters. Die älteste Gaststätte Münsters liegt inmitten der Altstadt und hat bereits im Jahre 1607 erstmals seine Pforten für Gäste aus aller Welt geöffnet. Seit dem Jahr 1805 ist es zudem als Bierbrauerei bekannt.

In den Jahrhunderten nach der Öffnung hat sich in der Welt viel getan. Das Gasthaus Leve legt allerdings immer noch viel Wert auf Tradition und schätzt das Altbewährte: Auf der Speisekarte stehen Gerichte wie „Münsterländer Griebenschmalz im Steintöpchen", „Hausgemachte Eisbeinsülze" oder „Westfälischer Grünkohleintopf". Serviert werden die altmünsterschen und westfälischen Spezialitäten von der Familie Horstmöller und ihren erfahrenen Servicegästen.

Falls Sie die entspannte Atmosphäre in den alteingesessenen Gasthäusern schätzen und zusätzlich noch auf die westfälische Küche setzen, sollte Sie noch zusätzlich beim Gasthaus „Grosser Kiepenkerl" vorbeischauen. Das Restaurant blickt nämlich ebenfalls auf eine lange Geschichte zurück: Schon im 13. und 14. Jahrhundert stärkten sich Händler in dem ehemaligen Brauhaus mit angeschlossener Dombäckerei. Heute achten die Betreiber des bekannten Restaurants sehr auf Regionalität und Nachhaltigkeit und bieten ihren Gästen Speisen aus der „Heimatküche“ an.

Der typische Münsteraner

Ja, es gibt ihn. Den typischen Münsteraner. Ich bleibe dabei, dass Münster bunt und vielseitig ist. Das ändert jedoch nichts daran, dass sich einige Vorurteile doch auffällig oft bestätigen. Es folgt eine etwas überspitzte Darstellung des Münsteraners.

Der typische Ur-Münsteraner ist etwa sechzig Jahre alt. Bis dato kann er auf ein zufriedenes und erfülltes Leben zurückblicken. Zwar hat er Münster nie richtig verlassen, aber warum auch? Münster ist schön und hat viel zu bieten.

Heute Morgen hat er seinen Cord Anzug aus dem Kleiderschrank geholt. Er freut sich, dass sein Lieblingsstoff nun wieder eine Renaissance erlebt, aber im Grunde ist es ihm egal. Für ihn war es nur eine Frage der Zeit, bis auch die Menschen außerhalb Münsters diesen überaus praktischen Stoff entdeckten. Heute ist er mit seinen Freunden in einem Straßencafé im Kreuzviertel verabredet. Schnell noch die Zeitung lesen, bevor er sich auf seine Leeze schwingt und zum vereinbarten Treffpunkt radelt. Er weiß, dass auch heute wieder das aktuelle Weltgeschehen und die Lage an der Börse ihre Unterhaltung dominieren werden. Andere Leute würden dies wohl als intellektuelle Gespräche bezeichnen, für ihn ist dies Normalität. Zudem sieht er solche Treffen als eine willkommene Ablenkung zu den manchmal etwas eintönigen Aufgaben bei seiner Arbeit bei der Stadt.

Genug mit den Klischees. Natürlich treffen nicht alle dieser Punkte auf den Münsteraner zu. Fest steht jedoch, dass es sich um ein gut situiertes, gebildetes und manchmal vielleicht auch etwas sonderbares Völkchen handelt. Wer sonst würde sich im Restaurant freiwillig eine Quarkspeise, die aus

Pumpernickel gemacht ist, als Dessert bestellen?

Was man den Münsteranern zudem lassen muss, ist, dass sie wissen, wie man das Leben genießt und sie sehr auf eine hohe Lebensqualität achten. Nicht umsonst gehört Münster zu den lebenswertesten Städten in Nordrhein-Westfalen. Und nicht umsonst fällt es oftmals schwer, zur Kaffeezeit ein Plätzchen in einem der gut besuchten Cafés zu ergattern. Die Münsteraner sind entspannt und haben Muße. Anstelle eines Kaffee to go treffen sie sich mit Freunden im Café. Ich bin mir sicher, dass sie sich in einem Fast-Food Restaurant in Amerika vollkommen verloren fühlen würden und bald den nächsten Flug zurück nach Münster buchen würden, um in der Roestbar in Ruhe ihren Kaffee genießen zu können.

Neben dem Ur-Münsteranern wimmelt es in Münster natürlich auch von Studenten. Und auch hier gibt es den typischen Münster-Studenten.

Dieser hat nicht die für Studenten typische „Laissez-faire" Haltung. Ein Student in der Domstadt kommt aus reichem Hause, in dem man es gewohnt ist zu arbeiten. Auf ihm lastet ein gewisser Leistungsdruck und er hat das Familienerbe fortzuführen. Zwar geht er auch mal feiern, aber den größten Teil seiner Zeit verbringt er in der Bib. Vielleicht liegt es an der Fülle an Jura- und Wirtschaftsstudenten in Münster, aber mit der Bezeichnung „Schnösel" wird man einigen Studenten in der Fahrradstadt gerecht. Den Großteil der Studierendenschaft machen allerdings Studentinnen aus. Auch hier entdeckt man gewisse Gemeinsamkeiten: Zu nennen sind hierbei die scheinbar obligatorischen Perlenohrringe, Röcke in allen Variationen und die tendenziell eher „brave" Grundhaltung.

What to do …

FRÜHJAHR UND SOMMER IN MÜNSTER

Hafen und Umgebung

Sommer verbinden wir immer direkt mit Sonne, Strand und Meer. Münster ist zugegebenermaßen ziemlich weit entfernt von wirklich großen Gewässern. Das heißt aber lange noch nicht, dass man in der Domstadt auf Wasser und maritimen Flair verzichten muss.

Etwas abseits vom Münsteraner Zentrum befindet sich der Hafen. Der Hafen zweigt vom Kanal ab und ist eine tolle Anlaufstelle, wenn man an einem Frühlings- oder Sommertag etwas Zeit draußen verbringen möchte. An einer Seite des Hafens säumen sich zahlreiche Restaurants und Bars, von denen aus man aufs Wasser blicken kann. Besonders zu empfehlen ist hier das Vapiano. Man sollte sich hierbei nicht davon abschrecken lassen, dass das Vapiano eine Restaurantkette ist. Wenn Sie erst einmal in der Schlange angestanden haben und Ihr Lieblingsessen bestellt haben, können Sie sich draußen an die Tische setzen und sich Ihr Pasta Gericht schmecken lassen. Abends kann man es sich dann zusätzlich noch mit einem Gläschen Wein gemütlich machen. Wenn die letzten warmen Sonnenstrahlen des Tages dann auf die Haut scheinen, fühlt man sich ein bisschen so, als sitze man gerade am Gardasee im schönen Italien. Fehlen nur noch der Akkordeonspieler und der nette italienische Kellner, mit dem man sich irgendwie mit Händen und Füßen über die beste Pizza oder das leckerste Eis verständigen muss.

Ansonsten ist es auch schön, einfach am Hafen entlang zu flanieren und seinen Blick über das Wasser schweifen zu lassen. Das Hafengelände ist nicht groß, aber dennoch eignet es sich für einen kleinen, entspannten Spaziergang. Aber wundern Sie sich bitte nicht, wenn Sie im gesamten „Hafen" kein einziges Schiff sehen: Der Name trügt. Denn der Hafen ist eher ein Anlaufpunkt für Touristen und für Münsteraner, die nach Feierabend die Seele baumeln lassen möchten, und dient nicht so sehr als Anlegeplatz für Schiffe. Auch wenn Münster mit den Großstädten in vielen Bereichen gut mithalten kann: Die Elbe oder den Rhein können die kleinen Gewässer der Domstadt nicht ersetzen.

Wenn Sie schon am Hafen sind, haben Sie es nicht mehr weit bis zu den Wiesen am Kanal. Im Sommer versammeln sich die Münsteraner Studenten auf den Wiesen und sonnen sich auf ihren Handtüchern. Das Schwimmen ist hier eigentlich verboten. Allerdings drückt die Wasserpolizei gerne mal ein Auge zu, wenn die Studenten für eine kurze Abkühlung ins Wasser springen. Trotzdem empfiehlt es sich hierbei, immer vorsichtig zu sein und nur mit Freunden zu schwimmen. Denn auch größere Frachter passieren den Kanal und denen muss man natürlich ausweichen.

Was auch vorkommen kann, ist, dass man der MS Günther begegnet. Der Eigentümer der MS Günther, Leon Windscheid, hat das Partyboot von der Million gekauft, die er bei Günther Jauch gewonnen hat. Der Wahl Münsteraner hatte schon lange den

Traum, ein Partyboot zu betreiben und somit stellte sich ihm nach seinem Sieg bei „Wer wird Millionär“ gar nicht erst die Frage, was er mit seinem Geld anstellen sollte. Der Quizmaster ist sogar höchstpersönlich nach Münster gereist, um das Boot zu taufen. Seitdem bietet Leon Windscheid verschiedene Eventfahrten an und vermietet das Boot auch. Von Schlagerpartys über Gin Tastings bis hin zum Ferkelgrillen ist jede Art von Event vertreten.

Angesichts dieser Angebote freut man sich umso mehr über Windscheids Gewinn. Bei seiner Vorbereitung im Vorfeld der Quizshow wundert es jedoch kaum noch, dass er die Show mit dem Hauptgewinn verlassen hat: Nach eigener Aussage hatte er sich schon Monate vor der Show immer wieder den Quizfragen seiner Mitbewohnern in seiner WG in Münster ausgesetzt – nackt bis auf seine Unterhose, um sich an unangenehme Situationen zu gewöhnen.

Das Hafenfest

Sagt Ihnen das Hafenambiente grundsätzlich zu, aber es fehlt noch das gewisse etwas? Fehlt es Ihnen noch an Action?

In diesem Fall ist die Lösung einfach: Besuchen Sie einfach das jährlich im Sommer stattfindende

Hafenfest!

An drei Tagen im Jahr verwandelt sich der Münsteraner Kreativkai zu einem bunten Treffpunkt, der Menschen jeden Alters zusammenführt. Es herrscht eine ausgelassene Stimmung und die Besucher des Hafenfestes nehmen sich Zeit für die verschiedenen Attraktionen. An der Hafenpromenade tummeln sich zu dieser Zeit verschiedene Verkaufsstände und zwischen Hundebellen und angeregten Gesprächen hört man immer von irgendwoher ein Kind quengelig um ein Eis bitten. Auch auf dem Wasser herrscht reger Betrieb: Junge Leute versuchen sich am Stand-up Paddling, Kanutouren machen sich bereit und Motorboote chauffieren die Besucher des Hafenfestes durch den Kanal.

Wenn Ihnen das rege Treiben noch nicht abwechslungsreich genug ist, können Sie sich von den Entertainern auf den Bühnen am Hafen unterhalten lassen. Und besonders die Kinder sind gut beschäftigt: Sie können sich auf der Hüpfburg austoben oder sich beim Kinderschminken zum Drachen oder zur Fee verwandeln lassen. Eine perfekte Location für Familien, die gemeinsam einen actionreichen Tag am Hafen von Münster verbringen wollen.

Der Aasee

Ein anderer beliebter Treffpunkt im Sommer ist der Aasee. Der Aasee hat den großen Vorteil, dass er sehr zentral gelegen ist und direkt an die Promenade grenzt. Allerdings ist der See voller Blaualgen und das Schwimmen streng verboten.

Wenn Sie sich auf der großen Wiese am Aasee mit Freunden treffen wollen, müssen Sie mindestens zehn Minuten einplanen, um Ihre Freunde überhaupt erst einmal zu finden. Es empfiehlt sich, als Treffpunkt die beiden Aasee Kugeln zu wählen. Und dennoch kann es in der warmen Jahreszeit so wuselig sein, dass man Schwierigkeiten hat, seine Bekannten ausfindig zu machen. Auf der ganzen Wiese sind dann Picknickdecken verteilt und das Gelände bildet fast schon ein Mosaik aus allen möglichen Farben und Mustern. In der Luft hängen dann meist Rauchschwaden, die von den Grills der Studenten herrühren. Hier wird alles gegessen, was noch ansatzweise essbar ist: Die verkohlte Bratwurst, an die man beim Gespräch mit dem Kommilitonen gar nicht mehr gedacht hat und auch der gerade abgelaufene Kartoffelsalat. Schickimicki gibt es hier nicht und jeder Sommertag am Aasee hat ein bisschen was von einem Festivaltag. Denn auch Musik dröhnt aus verschiedenen Boxen aus allen möglichen Richtungen.

Mein Geheimtipp: Wenn Sie nicht an das Picknick gedacht haben, können Sie sich auch in der preiswerten Aasee Mensa ein Gericht aussuchen, sich das in einer Pappschale mitgeben lassen und sich damit dann an den Aasee setzen.

Botanischer Garten

Das Münsteraner Schloss selbst ist ein Besuch wert. Von außen macht es einen prächtigen und majestätischen Eindruck. Bis 1803 war das Schloss fürstbischöfliche Residenz. Von innen bekommt man von dieser majestätischen Atmosphäre nicht mehr viel mit. Hier herrscht der normale Unibetrieb und die Vorlesungsräume ähneln den Vorlesungsräumen in anderen Universitätsgebäuden in großen Teilen. Dafür ist der Schlossgarten hinter dem Schloss umso schöner. Dieser Schlossgarten ist eine Oase, um dem Lärm und dem Stress der Stadt zu entkommen. Hier befindet sich auch der Botanische Garten. Dieser gehört zum Institut Botanik des Fachbereichs Biologie der Uni Münster. Der Botanische Garten besteht aus 23 verschiedenen Themengärten. Dazu gehören der

Tast- und Riechgarten, das große Tropenhaus und die Orangerie.

Sommernachtskino

Wenn es im August dunkel wird, versammeln sich die Münsteraner gerne am Schloss. In drei Wochen im Jahr ist hier eine riesige Leinwand aufgebaut. Jeden Abend wird ein anderer Film gezeigt. Mit Decken und Kissen ausgestattet kann man es sich auf den Stühlen vor dem Schloss bequem machen. Popcorn und Getränke kann man vor Ort kaufen. Somit steht einer schönen Sommernacht nichts mehr im Wege. Aber Achtung: Früh kommen lohnt sich! Ansonsten sind die besten Plätze schnell weg.

Museumshof-Freilichtmuseum Münster

Direkt am Aasee gelegen befindet sich der Museumshof. Es gibt verschiedene Orte in Münster, an denen man sich fühlt, als sei die Zeit stehen geblieben. Aber an keinem Ort zwängt sich dieser Eindruck derart stark auf wie beim Museumshof. Hier lernt man, wie Menschen im 17. und 19. Jahrhundert gelebt haben. Läuft man an einem der dreißig Fachwerkhäusern vorbei, kann man sich schnell mal in die Vergangenheit zurückgesetzt fühlen ...

Die ersten Sonnenstrahlen des Tages kitzelten auf Claras Haut. Es würde ein schwüler Sommertag werden. Die Wärme würde sich wie ein Mantel um einen legen und das Arbeiten schwer machen. Vorsichtig warf Clara einen Blick auf ihre Geschwister. Sie alle lagen noch schlafend auf ihren Pritschen und beachteten sie nicht, als sie vorsichtig aufstand und auf Zehenspitzen den Raum verließ. Ihr Nachthemd klebte schon jetzt am frühen Morgen an ihrer Haut. Wie gerne würde sie jetzt ein Bad nehmen! Stattdessen würde sie sich später wieder an die Herstellung eines Puders machen, mit dem man das Fett in den Haaren etwas übertünchen konnte. Danach würde sie in die Kapelle gehen. Schließlich war Sonntag.

Draußen vor dem alten Bauernhaus standen die Pferde auf den Wiesen und schlugen mit ihrem Schweif, um die lästigen Fliegen abzuwehren. Der Schecke weiter hinten war Claras Liebling. Schon oft hatte sie ihn heimlich von der Wiese geführt und sich einfach auf ihn gesetzt. Clara hatte nie Angst, vom Pferd zu fallen. Wenn das Pferd bocken wollte, musste man nur die Fersen fest genug in seine Flanken rammen und mit den Zügeln den Pferdekopf oben halten. So konnte das Pferd den Kopf nicht mehr zwischen die

Beine nehmen und Sprünge machen, um den Reiter abzuwerfen. Ihr Vater mochte es gar nicht, wenn sie auf einem Pferd saß. „Wo willst du denn überhaupt hinreiten?“, pflegte er oft zu fragen. Auf dem heimischen Bauernhof befand sich schließlich alles, was man so brauchte: Eine Bauernhofkapelle, ein Dorfkrug, ein Bienenhaus, ein Weberskotten und eine Dorfschmiede. Seit einigen Jahren mussten alle Kinder sogar zur Landschule.

Ihre Mutter schüttelte über Claras Reitausflüge nur den Kopf. „Wie sollen wir dich nur jemals unter die Haube bekommen? Du musst dich endlich wie eine richtige Dame benehmen!“. Clara wusste, dass sie nun im heiratsfähigen Alter war und fand es nicht schlimm, dass sich die Partnersuche durch ihre Wildheit noch etwas verzögern würde. Ihre Freundin Margarete war nur ein Jahr älter als sie und würde bald schon ihr zweites Kind bekommen. Clara hingegen fühlte sich selbst noch als Kind.

Bis auf diese wenigen Bemerkungen wurden ihre Ausritte von ihrer Familie stillschweigend geduldet. Schon mehr als einmal war es vorgekommen, dass ein schwieriges Pferd scheinbar wie von Geisterhand plötzlich ruhig wurde und sogar vor den Karren gespannt werden konnte. In diesen Fällen hatte immer Clara die Hände im Spiel gehabt. Sie wusste, wie man mit Pferden umging und würde ihr Talent weiter ausleben. Denn was Jungen konnten, konnte sie schon lange. Da war sie sich ganz sicher ...

HERBST UND WINTER IN MÜNSTER

Winter – die Zeit, in der man sich manchmal am liebsten zu Hause verkriechen würde. Der Himmel ist grau, der Regen prasselt gegen das Fenster und sobald man draußen ist, kriecht die Kälte langsam in Mantel und Schuhe. Im Sommer hat man Münster noch für seine Fahrradfreundlichkeit gelobt. Jetzt würde man das Fahrrad am liebsten in die Garage stellen und bis zum Frühling nicht mehr hervorholen. Das ist der Moment, wo der Münsteraner seine Regenhose herausholt und sich selbstbewusst auf sein Rad schwingt. Für ihn gibt es kein schlechtes Wetter, sondern nur schlechte Kleidung. Machen wir es ihm nach und gucken mal, was es im Münsteraner Winter so zu tun gibt ...

Gastronomie

Der Mensch ist ein geselliges Leben. Er muss sich mit seinen Mitmenschen austauschen. Welcher Ort eignet sich hierfür besser als eine der zahlreichen Kneipen in Münster?

Lieschen Müller

Besonders erwähnenswert ist an dieser Stelle das „Lieschen Müller“. Neben Getränken „mit und ohne Umdrehungen“ werden hier leckere Speisen angeboten. Aber was noch viel wichtiger ist: Hier finden oft coole Veranstaltungen statt. Jeden Tag mit den gleichen Menschen in denselben Kneipen über die gleichen Dinge reden kann irgendwann ermüdend sein. Ganz anders sieht es aus, wenn beispielsweise ein „Mann mit Gitarre“ dazukommt. Oder wenn die Gespräche durch witzige Fragen im Rahmen eines Pubquiz unterbrochen werden. Außerdem können diese Fragen nochmal ganz neue Impulse für interessante Unterhaltungen bieten.

Last but not least: Was wäre Münster ohne seinen Tatort? Sonntags kann man im Lieschen Müller dem Kriminalhauptkommissar Frank Thiel und Rechtsmediziner Karl-Friedrich Boerne in schöner Münsteraner Kulisse dabei zusehen, wie sie einen bis dato ungeklärten Tod aufzuklären versuchen.

Restaurant La Rustica

Die Zehenspitzen sind beinahe abgefroren, der Türknauf lässt sich mit den vor Kälte starren Fingern nur noch mit Mühe umdrehen. Der Spaziergang durch die winterliche Landschaft war schön und erfrischend, aber dafür liegt die eigene Betriebstemperatur nun bei gefühlten 15 Grad Celsius. In diesem Moment hilft nur eines: Eine Tasse Tee und ein Kaminfeuer.

Wie gut, dass die Betreiber des Restaurants La Rustica im Wienburgpark für diese Fälle vorgesorgt haben: Das Feuer im Kamin ist immer an und taucht den Raum in ein sanftes Licht. Schon bald lässt das Klammheitsgefühl nach und weicht einer wohligen Wärme. Das Restaurant ist an Gemütlichkeit wohl nur noch schwerlich zu übertreffen. Jetzt nur noch schnell einen warmen Tee oder eine heiße Schokolade bestellen und es sich damit gemütlich machen. So ist die eisige Kälte des Wintertags schon bald vergessen.

Weihnachtsmarkt

Im Winter zieht es an den Wochenenden immer tausende Besucher nach Münster. In den weihnachtlich dekorierten Straßen hört man in diesen Zeiten besonders viel Niederländisch. Die Schönheit der Münsteraner Weihnachtsmärkte ist also schon über Landesgrenzen hinweg bekannt und lockt selbst Besucher aus dem Ausland in die Domstadt.

Wenn Sie über die Weihnachtsmärkte laufen, erfüllen der Geruch von Zimt und Waffeln die Luft. An jeder Ecke befinden sich zudem Stände, an denen man eine Tasse Glühwein oder Apfelpunsch kaufen kann. Und haben Sie schon gesehen, dass man an einigen Ständen Werkzeug aus Schokolade kaufen kann? Scheren oder Lochzangen aus Schokolade sind das perfekte Geschenk für jeden Heimwerker, Hobbybastler oder Handwerker.

Die Münsteraner Weihnachtsmärkte bieten sich gut für einen weihnachtlichen Spaziergang an. An insgesamt vier Standorten ballen sich die Weihnachtsmarktstände. Die einzelnen „Ballungszentren" sind fußläufig gut zu erreichen.

Allwetterzoo

„Nein, lass uns heute lieber nicht in den Zoo gehen, es regnet doch". Vermutlich hat fast jeder diesen Satz schon mal gehört oder selbst von sich gegeben. Zoo und schlechtes Wetter bzw. Zoo und Winter scheinen einfach nicht zusammenzupassen. Wenn man an Tierparks denkt, denkt man an Familien, die ihre Kinderwagen fröhlich lachend bei bestem Wetter an Wildtiergehegen vorbeischieben.

Nicht so in Münster. Hier hat man auch im Winter die Möglichkeit, Giraffen, Löwen und Co zu beobachten, ohne dabei nass zu werden. Auch die Funktionskleidung kann man getrost zu Hause lassen. Insgesamt leben im Allwetterzoo 3.500 Tiere in 345 Arten. Diese Tiere stammen von allen Kontinenten und haben ihr Zuhause nun in Münster gefunden.

Ein besonderes Highlight für Familien mit Kindern sind sicherlich die Fütterungen. Hier können die Kinder hautnah miterleben, wie Elefanten, Papageien und Pinguine gefüttert werden. Der Zoo ist in verschiedene Erlebniswelten unterteilt. Im Africaneum können Besucher Menschenaffen beobachten und im Afrika Panorama leben Zebras, Gnus, Spring- und Wasserböcke, Antilopen, Strauße und Kraniche fast wie in der richtigen Serengeti zusammen. Einen Besuch wert ist auch der Kinder- und Pferdepark und das Pferdemuseum.

Kreuzviertel und Schlosstheater

„Es gibt zwei Arten von Menschen in Münster: Die einen leben im Kreuzviertel, die anderen wollen im Kreuzviertel leben". Dieses Zitat vom ehemaligen Oberbürgermeister Berthold Tillmann verdeutlicht ziemlich eindrücklich, dass ein Besuch des Kreuzviertels bei einem Trip nach Münster niemals fehlen darf. In Münsters Kreuzviertel reihen sich zahlreiche Stadtvillen aneinander. Die alten Patrizierhäuser prägen das Stadtbild. Wer einen Blick ins Innere eines dieser Stadthäuser erhaschen kann, sieht oft stylisch eingerichtete Wohnungen. Das Kreuzviertel gilt als eine Wohngegend, in der besonders viele Menschen mit höheren Bildungsabschlüssen leben. Die Gegend ist entsprechend friedlich und ruhig.

Besonders schön ist der Platz um die Kreuzkirche. Hier befinden sich Eiscafés und Restaurants. Im Winter kann man auf Cafés ausweichen. Zu nennen sind hier die „Roestbar" und das Café „Herr Hase". In diesen Locations kann man gut frühstücken oder sich nachmittags ein Stück Kuchen gönnen. Und gerade der Kaffee schmeckt nirgends in Münster so gut wie in diesen beiden Cafés. Hier wird die Kaffeehaus Kultur noch gelebt und gerade nachmittags kann es schon mal schwierig werden, noch einen Platz zu ergattern.

Halle Münsterland und Übernachtungsmöglichkeiten

Die Halle Münsterland beeindruckt das ganze Jahr über mit ausgezeichneten Veranstaltungen von berühmten Künstlern. Doch gerade im Winter bietet sich ein Besuch der Eventlocation an. Vor allem für Wochenendtouristen ist ein Konzert in der Halle Münsterland eine gute Gelegenheit, den Tag abzurunden und noch ein weiteres kleines Highlight zu setzen. Das Programm der Halle Münsterland ist vielseitig: Musicals wie „Holiday on Ice“ und Musiker, wie Nico Santos oder Alle Farben, gastieren hier. Wenn Ihnen eher nach Lachen ist, können Sie das Programm nach Comedians durchforsten. Es ist also egal, ob Sie tanzen und all Ihre Sorgen für einen Abend vergessen wollen oder ob Sie mal wieder aus vollem Herzen über schräge Witze von Comedians lachen wollen: In der Halle Münsterland ist dies alles möglich.

Auch die Anreise ist unkompliziert: Die Halle Münsterland liegt nur 15 Gehminuten vom Hauptbahnhof Münster entfernt und ist von dort aus natürlich auch mit Taxi und Bus zu erreichen.

Wer am späten Abend dennoch nicht mehr zurück in die Heimat fahren möchte, hat die Möglichkeit, in einem der zahlreichen Hotels in Münster zu übernachten.

Empfehlenswert ist hierbei das H4 Hotel. Dieses Hotel ist zentral in der Altstadt gelegen und zeichnet sich durch ein gutes Preis-Leistungs-Verhältnis aus. Sie haben die Möglichkeit, Frühstück dazuzubuchen und wenn Sie abends müde sind von Ihrer Städtetour, können Sie ganz bequem im hauseigenen Restaurant „Gaumenfreund“ zu Abend essen.

Ein wenig extravaganter geht es im Hotel Schloss Wilkinghege zu. Dieses Hotel liegt weniger zentral und ist etwa 15 Autominuten von der Halle Münsterland entfernt. Das Schloss Wilkinghege gehört nicht zu den standardisierten Hotels der heutigen Zeit. Effizienz und Sterilität stehen hier nicht an erster Stelle. Stattdessen legen die Betreiber viel Wert auf Individualität und auf eine altertümliche

Atmosphäre. Auch für Kinder ist es ein besonderes Erlebnis, einmal in einem richtigen Schloss zu übernachten! Wer es wirklich stilecht mag, trainiert tagsüber noch zusätzlich auf dem nahegelegenen Golfplatz.

LWL Museum

Bei einem Städtetrip steht für viele der Spaß an oberster Stelle. Aber was halten Sie davon, Spaß mit Kultur und Wissenswertem zu verbinden? In Münster ist dies ohne weiteres möglich. Besuchen Sie dafür einfach eines der LWL Museen! Dabei können Sie sich neues Wissen nahezu spielerisch aneignen. Sie müssen nicht über irgendwelchen Büchern sitzen und Fakten pauken. In den LWL Museen nehmen Sie das Wissen beinahe unbemerkt auf. Die Inhalte und Ausstellungen sind so interessant dargestellt, dass man sich nicht erst dazu zwingen muss, lange Inhaltstafeln durchzulesen.

Man macht gerne an den Exponaten halt und nimmt alles auf, was dazu geschrieben steht.

LWL MUSEUM FÜR KUNST UND KULTUR

Das LWL Museum für Kunst und Kultur befindet sich praktischerweise direkt am Domplatz. Jeder, der Münster einen Besuch abstattet, kommt früher oder später am Domplatz vorbei. Daher ist Bequemlichkeit keine Ausrede dafür, dem Münsteraner Kunstmuseum keinen Besuch abzustatten. Aber abgesehen von seiner zentralen Lage überzeugt das Museum natürlich vor allen Dingen durch seine vielfältigen Ausstellungen. Das Kunstmuseum stellt den Anspruch an sich selbst, ein breites Spektrum an Kunstwerken und -objekten zu bieten. Dabei taucht der Besucher in eine Art Zeitreise ein, bei der die Kunst in verschiedenen Epochen beleuchtet wird. Beispielsweise würden Sie als Besucher etwas über die Kunst des 16. Jahrhunderts, die Landesgeschichte oder die Gegenwartskunst erfahren. Generell reicht das Themenspektrum bis zum Mittelalter zurück. Besonders interessant sind die vielen lokalen Bezüge des Museums. Laufen Sie achtsam durch Münster! Vielleicht fällt Ihnen so etwas auf, was auch später im Museum aufgegriffen wird. Ist Ihnen beispielsweise schon der steinerne Adler im Greifflug am Eingang der Arkaden, dem großen Einkaufszentrum in der Innenstadt, aufgefallen? Im Museum für Kunst und Kultur lernen wir, dass die Arkaden und der Adler in Zeiten des Nationalsozialismus gebaut wurden und dass dem Adler nach Kriegsende das Hakenkreuz aus den Klauen geschlagen werden musste.

In der Sammlung mit Gegenwartskunst befindet sich hingegen das Gemälde „Study Garden". Dieses Gemälde präsentiert den Universitätscampus in der Innenstadt.

Bei einem Besuch des LWL Museums sollten Sie sich auch die Sammlung zur Landesgeschichte nicht entgehen lassen. Hier wird wichtige Geschichte verständlich verpackt. Ortskarten zeigen eindrücklich, wie umfassend Münster zu den verschiedensten Zeiten belagert wurde.

Insgesamt gibt es 12 Sammlungen, die alle unterschiedliche Schwerpunkte haben. Daneben gibt es wechselnde Ausstellungen. Kürzlich konnte das

Museum mit einer Ausstellung des Malers Joseph Mallord William Turner (1775 - 1851) überzeugen. Mallord war ein Landschaftskünstler, der zeitlebens das Schöne mit dem Schrecklichen verband. So stellte er beispielsweise Schiffsunglücke in England oder Lawinenunglücke in der Schweiz auf eine in grotesker Weise ästhetische Art dar. Der Besucher hat Gelegenheit, den Künstler auf seiner Reise durch Europa zu begleiten. In seinen Bildern vermittelt er eine bestimmte Atmosphäre, die dem Besucher das Gefühl gibt, selbst vor Ort zu sein. Besonders deutlich wird das bei seinen Bildern von Venedig. Man merkt, dass der Künstler diese Stadt sehr gerne mochte.

Ausstellungen wie diese bietet das Museum regelmäßig an. Es lohnt sich also immer, einen Blick in das aktuelle Programm zu werfen, um über alle Highlights informiert zu sein.

Generell hält das Kunstmuseum eine Menge Angebote für seine Besucher bereit. Jedem ist es freigestellt, das Museum auf eigene Faust zu erkunden. Wenn Sie jedoch einen noch größeren Input haben möchten, könnten Sie über eine Museumsführung nachdenken. Daneben finden auch Kunstgespräche und Workshops statt.

LWL MUSEUM FÜR NATURKUNDE

Zugegeben, die Wahrscheinlichkeit, in Münster Polarlichter zu sehen, ist eher gering. Dabei muss man sich nur zu helfen wissen. Sie wollen die Milchstraße sehen, aber es ist Ihnen gerade nicht danach, in die abgelegensten Regionen dieser Erde zu fahren? Oder wollen Sie die Polarlichter sehen, aber das Budget lässt keinen Flug nach Island oder Nordfinnland zu? Kein Problem. Besuchen Sie doch einfach Münsters Planetarium! Das Planetarium sitzt mitten im LWL Museum für Naturkunde. Aus bequemen, drehbaren Sesseln schaut man zur kuppelförmigen Decke und erlebt so eine Reise durch das Universum. Durch modernste Technik erlebt man ein beeindruckendes Himmelsspektakel: Sternenprojektoren, Laserprojektoren, Videoprojektoren und Diaprojektoren machen das Erlebnis einzigartig. Dadurch können bis zu 9.000 Sterne an die Decke des Planetariums projiziert werden.

Abgesehen vom Planetarium ist auch das Naturkundemuseum selbst einen Besuch wert:

Angefangen hat alles mit der zoologischen und botanischen Sektion des Westfälischen Provinzialvereins. Heute gibt es zahlreiche Sonder- und Dauerausstellungen.

Auch diese zeichnen sich wieder durch ihren hohen Regionalbezug aus. Die Dauerausstellung „Vom Kommen und Gehen: Westfälische Artenvielfalt im Wandel" beschäftigt sich beispielsweise wieder mit den verschiedenen Tier- und Pflanzenarten in Westfalen im Angesicht der Zeit. Die Besucher lernen, dass durch den Menschen die Artenvielfalt nachlässt. Dafür erobern neue Bewohner das heimische Westfalen. So hat sich beispielsweise die Asiatische Buschmücke vor einiger Zeit in Westfalen beheimatet. Besonders eindrücklich ist auch die Dauerausstellung „Dinosaurier – Die Urzeit lebt!". Hierbei können Sie auf über 850 Quadratmetern sorgfältig rekonstruierte Modelle von Dinosauriern begutachten und die Anfänge der uns bekannten Tierarten nachvollziehen: Wie entwickelten sich die Vögel? Und wann lernten sie eigentlich das Fliegen? Antworten hierauf finden Sie in Münsters Museum für Naturkunde.

Picasso Museum

Das Kunst Museum Pablo Picasso in Münster ist Deutschlands einziges Picasso Museum. Hier befinden sich über 800 Grafiken Pablo Picassos. Diese Kunstwerke werden in verschiedenen Sammlungen ausgestellt. Die im Museum ausgestellte Sammlung Huizinga verdankt ihren Namen dem Westfalen Gert Huizinga. Ihm ist es gelungen, verschiedene Kunstwerke Picassos zu erlangen. Mit der Zeit entschied er sich jedoch dafür, seine gesammelten Werke einer breiten Öffentlichkeit zugänglich zu machen und brachte die Werke 1997 in das Kunstmuseum ein.

Eine andere Sammlung trägt den Namen „Die Suite Vollard“. Picasso hatte einige seiner Grafiken nämlich nach dem Verleger und Kunsthändler Ambroise Vollard benannt. Im Jahr 2001 konnte das Kunstmuseum diese ganze Graphiken-Folge erwerben.

Doch auch wenn Sie sich für andere Formen oder Stile der Kunst interessieren sollten, lohnt sich ein Abstecher ins Picasso Museum. Regelmäßig wechselnde Ausstellungen geben Einblicke in andere Gebiete der Kunst. Kürzlich konnte das Museum seine Besucher mit der Ausstellung „Beauty Is A Line“ überzeugen. Hierbei wurde gezeigt, dass die Linie ein Gestaltungsmittel in der Kunst der Moderne ist. Zudem gibt es auch verschiedene Dauerausstellungen, bei denen die Werke anderer Künstler präsentiert werden. Seit Ende 2008 können sich Besucher beispielsweise über 137 Grafiken des Malers Marc Chagall freuen. Die Sammlung zeichnet sich durch eine Vielzahl von Unikaten und seltenen Zustands- und Probedrucken aus, die Chagall maßgeblich in den 50er und 60er Jahren in Paris anfertigte.

Darüber hinaus bietet das Picasso Museum

Vortragsreihen und Führungen an. Ein Muss für alle kunstinteressierten Münsteraner oder Besucher der Domstadt!

Geheimtipps

SALSA AM BEACH

Ein warmer Sommertag neigt sich dem Ende zu. Den ganzen Tag hat eine brütende Hitze auf Ihnen gelastet. Der Asphalt schien tagsüber zu flimmern. Gerne hätten Sie heute Nachmittag draußen etwas unternommen. Als das Thermometer jedoch die 30 Grad Celsius Marke geknackt hatte, haben Sie entschieden, doch lieber in den kühlen Räumen der heimischen Wohnung zu bleiben.

Nun wandert die Sonne jedoch weiter. Es wird eine laue Sommernacht. Sie holen Ihr rotes Sommerkleid aus dem Schrank und stecken Ihre Haare zusammen. Die fast vergessenen Kreolen kommen heute zum Einsatz. Und schon machen Sie sich auf den Weg zum Coconut Beach. Es ist eine dieser Sommernächte, die man einfach draußen mit Freunden verbringen muss. Heute genießen Sie Ihr Leben und lassen alle Sorgen für eine Nacht hinter sich.

Montagabends öffnet der „Beach“ seine Pforten für Salsa-Begeisterte. Wahrscheinlich hat man nirgends im Münsterland so viel karibisches Flair wie am Beach. Für eine Abkühlung steht ein Pool bereit, niemand hat was dagegen, wenn Sie Ihre Sandaletten ausziehen und barfuß im Sand tanzen und die Liegestühle laden zum Entspannen ein. An den Beachbars kann man sich zudem kühle Drinks kaufen. Aus den Lautsprechern klingen latein-amerikanische Songs. Salsa, Bachata, Kizomba … wer auf latein-amerikanische Klänge steht, wird sich hier wohlfühlen. Hier tanzt jeder mit jedem. Und auch wenn man als Tanzanfänger den Beach besucht, kann man sich zusammen mit einem etwas erfahreneren Partner schon bald wie ein Profi über die Tanzfläche drehen. Der Beach hat im Sommer eine ganz besondere Atmosphäre. Man muss sie unbedingt einmal selber erleben! Der Eintritt ist kostenlos.

POLO PICKNICK

Vermutlich hat sich jeder schon mal Gedanken darüber gemacht, wie es wohl wäre, wenn man zur „Upper Class" gehören würde. Man kennt diese feinen Leute, die mit ausladenden Hüten und einem Glas Champagner an Rennbahnen stehen und über die besten Pferde philosophieren, aus Filmen und Zeitungen. Aber warum nicht mal selbst ein Teil dieser High Society sein?

Das Polo Picknick macht dies möglich. Der Hugerlandshof in Münster veranstaltet dieses Event einmal im Jahr. Aus verschiedenen Ländern reisen Reiter mit mehreren Pferden an und messen sich gegeneinander. Die Geschwindigkeit, mit der die Polospieler dem Ball hinterherjagen, ist bemerkenswert und es wird schnell klar, warum ein regelmäßiger Pferdetausch unbedingt notwendig ist.

Neben dem Spielfeld sitzen die Zuschauer auf Picknickdecken und schauen dem Treiben zu. Manch einer hat einen Kuchen gebacken und veranstaltet ein Kaffeekränzchen. Andere haben sich einen Salat und ein wenig Baguette mitgenommen. Auffällig ist, dass die Menschen allesamt herausgeputzt sind. Sie werden viele Besucher in teuren Polohemden und schicken Lederreitstiefeln sehen. Die Atmosphäre auf dem Gelände ist eher ruhig, die Menschen unterhalten sich mit gedämpfter Stimme und genießen das gute Wetter und die gute Unterhaltung. Ein toller Treffpunkt für Freundesgruppen und Familien – auch für Nichtreiter.

ALTBIERBOWLE

Bei einem Besuch in Münster darf auch eine Altbierbowle nicht fehlen. Die Altbierbowle ist ein Mischgetränk aus dem obergärigen, dunkelbraunen Altbier, Fruchtsirup und Früchten. Traditionell verwendet man hierfür Himbeeren und Erdbeeren. Früher gab es in Münster 150 Altbierbrauereien. Von diesen ist nur eine übrig geblieben: Die Altbierbrauerei „Pinkus Müller". Das Unternehmen ist bereits seit fünf Generationen in Familienhand und bietet neben Altbier westfälische Speisen an.

MÜNSTERCARD

Die MünsterCard ist die perfekte Idee für alle, die einen actionreichen Tag in Münster erleben wollen. Für nur 20 Euro kann man einen Tag lang alle öffentlichen Verkehrsmittel nutzen, kann an Stadtführungen teilnehmen und kostenfrei Münsters Museen besuchen. Zu den Museen, die man mit der MünsterCard kostenfrei besuchen kann, gehören:

- Der Friedenssaal
- Kunstmuseum Pablo Picasso Münster
- LWL-Museum für Kunst und Kultur
- Westfälischer Kunstverein
- LWL-Museum für Naturkunde
- Mühlenhof-Freilichtmuseum
- Allwetterzoo Münster
- Burg Hülshoff
- Haus Rüschhaus
- Bus & Bahn fahren
- SOLAARIS Rundfahrt
- Radstation Münster
- MÜNSTERBUS
- k3 stadtführungen Münster

- Stadt Lupe Münster
- StattReisen Münster
- Das Museum für Lackkunst

EAT THE WORLD TOUR IN MÜNSTER

Die klassischen Stadtführungen können schnell ein bisschen ... sagen wir trocken werden. Dann steht vorne ein Tour Guide, der etwas über die Stadt erzählt. Die Teilnehmer rücken derweil immer ein Stückchen näher an ihn heran, weil der Tourguide entweder zu leise redet oder weil die Gruppe einfach zu groß ist. Nach spätestens zwei Stunden macht sich der erste Hunger bemerkbar und die Füße fangen an wehzutun.

Kommt Ihnen dieses Szenario bekannt vor? Dann sollten Sie einmal über eine Eat the World Tour nachdenken. Bei den Eat the World Touren werden Sie durch ein Stadtviertel geführt. Dabei lernen Sie alles Wissenswerte über die Kultur und Geschichte im jeweiligen Quartier. Das Besondere an diesen Stadtführungen ist aber, dass Sie sich dabei auf eine kulinarische Reise begeben. Dadurch steht immer wieder ein neues Highlight auf dem Programm und Sie haben ständig Abwechslung. Dadurch kommt man erst gar nicht in Gefahr, gedanklich von dem, was der Tourguide vorne erzählt, abzuschweifen. Und wenn hungrige Kinder mit dabei sind, kann zumindest der Hunger schnell gestillt werden.

In Münster stehen drei Eat the World Touren zur Auswahl. Eine Tour führt durch das Kreuzviertel. Hier kann man die hoch herrschaftlichen Patrizierhäuser bestaunen. Und natürlich gibt es auch hier genügend Pausenstopps: Genießen Sie die verschiedenen kulinarischen Köstlichkeiten in einem spanischen Feinkostladen, in einer italienischen Pizzeria, in einem vegetarischen Restaurant, bei einem französischen Patissier und in einer akademischen Bieranstalt. In nur drei Stunden unternehmen Sie eine Reise durch verschiedene Welten.

Bei der Münster-City Tour flanieren Sie durch die historische Innenstadt. Sie kommen am Saal des Westfälischen Friedens vorbei und an den prächtigen Kaufhäusern von Münster. Und auch bei dieser Tour warten allerhand kulinarische Leckerbissen auf Sie: Sie werden Halt machen an einem preisgekrönten Esszimmer, einer Bonbonmanufaktur, einer Fleischerei der Spitzenklasse und bei einer öligen Genussmanufaktur. Zudem können Sie sich auf ein Highlight der französischen Küche freuen.

Eine weitere Möglichkeit, Münster kennenzulernen, ist die Teilnahme an der Münster-Hafen Tour. Das Ziel dieser Tour ist der Hafen Münsters, der mittlerweile zu einem echten Szeneviertel geworden ist. Auch diese Tour sieht Stopps in schönen Locations vor. Sie werden an einer Weinwerkstatt, einem kreativen urigen Café, einem vietnamesischen Nudelhaus und an einer Tapasbar vorbeikommen und dort entsprechend verköstigt werden.

Diese Eat the World Touren eignen sich auch prima als Geschenk! Wenn Sie Ihren Liebsten also einen schönen Tag in Münster schenken wollen, sollten Sie so eine Tour definitiv in Erwägung ziehen.

GEHEIMTIPPS FÜR DEN KLEINEN GELDBEUTEL

F24

Die Frauenstraße 24 ist ein Kulturzentrum und Restaurant. Täglich werden zwei Gerichte zu Sonderkonditionen angeboten, von denen eines vegetarisch ist. Die anderen Speisen können zu regulären Preisen geordert werden. Daneben gibt es im F24 zahlreiche kulturelle Veranstaltungen wie Lesungen oder Vorträge.

1648

Das 1648 ist ein wahrer Geheimtipp. Eigentlich handelt es sich hierbei um das Betriebsrestaurant der Stadt Münster, also im Grunde um eine Kantine. Der verstaubte Kantinen-Touch haftet dem 1648 jedoch in keiner Weise an und auch von dem „Kantinen-Fraß" fehlt jede Spur. Stattdessen hat man von dem hoch gelegenen Restaurant aus einen wunderbaren Ausblick über ganz Münster. Dies ist die perfekte Gelegenheit, um zu überprüfen, ob man all die Orte, die man beim Ausflug durch Münster bereits entdeckt hat, auch von weiter oben wiederentdeckt. Theoretisch ist nämlich alles zu sehen: Die Kirchen, der

Dom, das Schloss, der Aasee …

Das Münsteraner Umland

Nicht nur das Zentrum von Münster hat viel zu bieten. Erkunden Sie doch einmal Münsters Umland! Das Münsterland zeichnet sich besonders durch seine flache Landschaft aus und eignet sich somit gut zum Fahrradfahren. Fahrräder können Sie bequem bei verschiedenen Radstationen in Münster ausleihen oder einfach von zu Hause mitnehmen. Bei den Radtouren ins Umland kann man besonders gut entschleunigen: Lassen Sie den Stress des Alltags hinter sich und konzentrieren

Sie sich einmal nur auf die Natur und Ihre Mitmenschen. Sie werden sehen, dass einem auf diese Weise ganz neue Dinge auffallen. Plötzlich fällt einem das strahlende Gelb der Rapsfelder ins Auge, an denen man ansonsten allenfalls mit dem Auto vorbeirauscht. Das Vogelgezwitscher ist kein unbeachtetes Hintergrundgeräusch mehr, sondern tritt in den Vordergrund. Sie merken, wie mühelos und mit wie wenig Kraftanstrengung das Fahrrad über den Asphalt gleitet. Und die Wiesen ringsherum laden zu einem ausgedehnten Picknick ein.

FAHRRADTOUREN

Eine Möglichkeit, das Münsterland mit dem Rad zu erkunden, ist eine Fahrt entlang der Werse. Hier können Sie wunderschöne Natur erleben und haben keine Steigungen, die zu bewältigen sind. Der Weg führt immer mal wieder durch kleine Waldstücke, die im Sommer Schatten spenden.

Ein ganz besonderes Highlight hierbei ist sicherlich die 100 Schlösser Route. Auf dieser Strecke fährt man an mehr als 100 Schlössern, Burgen, Herrensitze und Gräfenhöfen vorbei. Insgesamt ist die

Route etwa 960 Kilometer lang. Aufgrund der Länge empfiehlt es sich, im Vorfeld für einen Teil der Strecke zu entscheiden. Generell führt die gesamte Strecke über verkehrsarme Straßen und an Wiesen und Weiden vorbei. Hier ist man wirklich draußen in der Natur und von viel Grün umgeben.

Der Südkurs ist der kürzeste von vier Rundkursen. Südlich von Münster erheben sich imposante Schlösser und Burgen und geben Zeugnis großer Baukunst. Eingerahmt von wunderschönen Gärten und Parks verzaubern die historischen Bauwerke schon beim ersten Anblick. Auf dieser Erlebnis-Radtour durch die Geschichte liegen die Schlösser und Burgen teilweise nur wenige Kilometer auseinander.

Der Nordkurs der 100 Schlösser Route führt bis in das hügelige Tecklenburger Land. Da das Münsterland ansonsten sehr flach ist, kann man sich hier auf wunderschöne Panoramablicke gefasst machen.

Wenn Sie den Westkurs wählen, fahren Sie durch das westliche Münsterland. Hier sind Sie von verhältnismäßig vielen Gewässern umgeben. Immer wieder führt die Strecke an Bächen, Flüssen und Seen entlang. Sie radeln zudem durch den Naturpark Hohe Mark und können auf Ihrem Trip die

Wasserburg Anholt bestaunen.

Der Ostkurs der 100 Schlösser Route führt ebenfalls an zahlreichen Schlössern und Burgen entlang. Insbesondere rund um die Pferdehauptstadt Warendorf herum können Sie davon ausgehen, vielen Pferden und Reitern zu begegnen.

DIE RIESELFELDER

Die Rieselfelder Münster sind ein europäisches Vogelschutzgebiet. Früher handelte es sich hierbei um eine Verrieselungsfläche für die Abwasser der Stadt Münster. Die Rieselfelder lassen sich in zwei Teile unterteilen. Der eine Teil ist nur beschränkt für die Öffentlichkeit zugänglich. Dafür können Besucher aus Beobachtungshütten die wunderschöne Natur und die besonderen Vögel beobachten. Von hier aus hat man eine gute Aussicht und aufgrund der flachen Landschaft kann man so weit sehen, wie das Auge reicht. Bei dem anderen Teil handelt es sich um ein Naturerlebnisgebiet. Zahlreiche Wanderwege führen durch die Landschaft und laden zu ausgedehnten Spaziergängen ein. Dabei läuft man an größeren Stauteichen und Feuchtwiesen, Streuobstwiesen,

Feuchtbrachen und Gehölzen vorbei.

PLEISTER MÜHLE

Auch die Pleister Mühle ist ein beliebtes Ausflugslokal für Wanderer und Fahrradfahrer. Und wer kennt es nicht? Man freut sich auf die Bewegung und aufs Radfahren, aber nichts übertrifft das zufriedene Gefühl, das man hat, wenn man an sein Ziel gelangt. Sie können sich also schon beim Losfahren auf Ihr Stück Kuchen und den Kaffee in der Pleister Mühle freuen! Nachmittags können Sie beispielsweise zwischen hausgemachten Blechkuchen und frischen Waffeln mit Sauerkirschen wählen. Bei gutem Wetter können Sie es sich im Biergarten gemütlich machen und wenn doch mal dunkle Wolken aufziehen, können Sie auf den Wintergarten ausweichen.

Ein kleiner Geheimtipp ist das regelmäßig in der Pleister Mühle stattfindende Krimidinner mit dem Titel „Tod in der Werse". Beim Krimidinner geht es darum, im Rahmen eines dreigängigen Menüs herauszufinden, wer den Tod eines Geschäftsführers zu verantworten hat.

Die Story: Beim Betriebsfest der Firma

Sonnenschein in einem Lokal am Werseufer treibt plötzlich der Geschäftsführer mit einem Tortenmesser in der Brust in der Werse. Beinahe jeder der anwesenden Mitarbeiter hätte ein Motiv, doch wer ist der Mörder?

Jeder Gast bekommt hierbei eine Rolle zugeteilt. Ein Moderator von K3 Stadtführungen Münster präsentiert hierbei die relevanten Hintergrundinformationen.

Kanu

Zur Pleister Mühle gehört zusätzlich noch ein Kanuverleih. Hier können sie das Münsterland vom Wasser aus erleben.

Ein gelungener Sommertag an der Pleister Mühle könnte wie folgt aussehen:

Herr Reichert ist ein typischer Geschäftsmann. Während der Woche sitzt er andauernd im Flieger und muss seine Vorträge auf dem Weg zum nächsten Meeting vorbereiten. Die ganze Woche lebt er aus seinem kleinen Handgepäckskoffer und wenn er freitagabends zu seiner Familie zurückkehrt, kann er seinen Koffer nur noch in die Ecke pfeffern und sich völlig geschafft von der Woche auf das Sofa zurückziehen.

Seine Frau akzeptiert das, aber er merkt, wie sich

seine drei kleinen Kinder mehr und mehr von ihm distanzieren. Als er das anspricht, hat seine Frau eine Idee: „Du verbringst zu wenig Zeit mit deinen Kindern. So hart es klingt, aber sie kennen dich zu wenig. Lass uns morgen einen Ausflug machen – so einen richtigen Familienausflug. Das wird allen guttun".

Bereits am Morgen des nächsten Tages macht sich die Familie auf den Weg zur Pleister Mühle. Herr Reichert sitzt das erste Mal seit fast einem halben Jahr wieder im Sattel seines alten Hollandrades. Es ächzt und quietscht etwas und auch die Gangschaltung hat schon mal bessere Tage erlebt, aber er fühlt sich gut. Die Kinder sind anfangs noch übermütig vorausgefahren. Nun werden sie langsam müde und beginnen zu quengeln. „Ich kann nicht mehr", ruft Martin von hinten. „Wann sind wir endlich da?". Herr Reichert konnte nur hoffen, dass sie möglichst bald ihr Ziel erreichen würden.

Schon bald erschien der Landgasthof vor ihnen. Er hatte ein bisschen was von einer Fata Morgana in der Wüste – mit dem Unterschied, dass sich der Gasthof nicht plötzlich wieder vor ihren hoffnungsvollen Augen in Luft auflöste.

Die Kinder brauchten eine Stärkung. Die Familie

machte es sich im Biergarten bequem und bestellte eine Karaffe Eistee. Die kleine Abkühlung tat gut und Herr Reicherts müden Glieder kamen wieder zu Kräften.

Nach ihrer kleinen Stärkung suchte sich die Familie ein Kanu aus. Sie zogen es ins Wasser und die Kinder hüpften abenteuerlustig hinein. Herr und Frau Reichert paddelten, was das Zeug hielt. Die Kinder waren dafür viel zu abgelenkt: Sie hielten ihre kleinen Hände ins Wasser und beobachteten vorbeifliegende Schmetterlinge oder Radfahrer, die den Werse Radweg entlangfuhren. Plötzlich merkte Herr Reichert, dass er schon den ganzen Tag nicht an seine Arbeit gedacht hatte und ganz und gar nur für seine Familie da war. So sollte es sein …

BURGEN UND SCHLÖSSER

Bei einem Ausflug ins Münsterland darf auch der Besuch von seinen Burgen und Schlössern auf keinen Fall fehlen. Man muss nicht immer zum Schloss Neuschwanstein reisen, wenn man doch tolle Schlösser in der Umgebung hat.

Burg Gemen in Borken

Die Wasserburg Gemen liegt bei Borken. Die Umgebung ist malerisch: Sie grenzt an eine Parklandschaft mit ruhigen Wegen und an das Vogelschutzgebiet „Sternbusch". In direkter Nähe sind zudem drei kleine Wäldchen mit den Namen Storchennest, Kruse Büskens sowie Sophienwäldchen. Diese laden zu Spaziergängen ein.

Einer Sage nach spukt ein Gespenst namens Cordula durch die Burg. Um 1500 hat Cordula tatsächlich auf der Burg gelebt. Heute gehört die Wasserburg zu einer der fünf größten katholischen Jugendbildungseinrichtungen in Deutschland. Die Burg verbucht in einem durchschnittlichen Belegungsjahr über 42.000 Übernachtungen mit einer Besucherzahl von etwa 24.000 Gästen pro Jahr.

Schloss Ahaus

Wenn Sie vor dem Schloss Ahaus stehen, wird Ihnen vermutlich zuerst seine symmetrische Anordnung und sein prächtiges Portal auffallen.

Das Adelsgeschlecht Ahaus wird 1139 zuerst urkundlich erwähnt. Sicher ist, dass zu dieser Zeit an dieser Stelle bereits das Schloss Ahaus existierte. Die Burg wurde schon mehrfach in Kriegen zerstört und musste immer wieder neu aufgebaut werden. Heute befindet sich im Schloss Ahaus die Technische Akademie, das Torhaus- und Schulmuseum und es wird zudem für Kulturveranstaltungen genutzt. Anfang des 19. Jahrhunderts war sogar einmal eine Tabakfabrik im Schloss untergebracht.

Neben dem Museum ist auch der Schlosspark überaus sehenswert!

Ascheberg: Haus Itlingen

Ein Besuch des Ascheberger Ortsteil Herbern lässt sich mit einem Besuch des Schlosses Itlingen verbinden. Das Schloss Itlingen ist der ehemalige Sitz der Herren von Herbern.

Das Anwesen ist eine Mischung aus Schloss und Burg. Die Burg liegt eingebettet in einem Park, umgeben von Wasser. Erstmals erwähnt wurde sie im 14. Jahrhundert.

Der berühmte Baumeister Johann Conrad Schlaun gab der Burg im 18. Jahrhundert die noch heute bestehende Hufeisenform, deren zwei Flügel mit Rundtürmen abschließt.

Die Letzte dieses Geschlechtes der Herren von Herbern soll die Burg an ihren Gatten, einem Herrn von Nagel, um 1540 weitergegeben haben. Auch heute noch befindet sich die Burg im Familienbesitz, nämlich von Hermann Freiherr von Nagel.

Heute wird das Anwesen als Gestüt genutzt und diente schon als Kulisse für TV-Serien wie „Rivalen der Rennbahn" und „Alles Glück dieser Erde".

Das Münsteraner Nachtleben

Wenn sich abends die Dunkelheit über Münster legt, ist die Beamtenstadt kaum wiederzuerkennen. Jeden Abend durchläuft Münster eine Art Imagewandel. Vielleicht erwarten einige, dass in der Domstadt ab einer gewissen Uhrzeit die Bürgersteige hochklappen, die Gardinen in den Wohnungen zugezogen werden und sich die Menschen mit Büchern auf dem heimischen Sofa verkriechen. Diese Annahme ist jedoch weit gefehlt. Wenn es abends dunkel wird, erwacht Münster erst so richtig zum Leben. Besonders an den Wochenenden und am berühmt-berüchtigten „Sprittwoch" ist hier richtig was los.

Zu empfehlen sind hier zuallererst die Wolbecker und die Warendorfer. Praktischerweise verlaufen die beiden Straßen parallel zueinander, sodass man sich nicht für eine Straße entscheiden muss. Was man zudem besonders schätzen sollte, ist die Nähe zu Münsters Hauptbahnhof: Im Süden Münsters gelegen, sind die beiden Straßen auch für Touristen, die mit dem Zug anreisen, wärmstens zu empfehlen.

Die Wolbecker und die Warendorfer sind stark studentisch geprägt. Restaurants, Cafés und Bars reihen sich aneinander und machen die Entscheidung schwierig. Immer einen Besuch wert ist das Teilchen und Beschleuniger auf der Wolbecker. Das Café ist sehr alternativ und besticht durch seine berlinerischen Vibes. Gemütliche Sofas und die gechillte Atmosphäre laden zum Verweilen ein. Vom Teilchen und Beschleuniger ist es nicht weit bis zur Bar Levin. Die Inhaber der Bar beschreiben das Levin auf ihrer Internetseite als „Eine Bar wie ein guter Freund. Locker. Gemütlich. Schummriges Ambiente. Drinks klassisch, modern und experimentell. Gute Auswahl und beste Qualität". Und das alles in einer Location, die an die 20er Jahre erinnert. Klare Empfehlung!

Nach einem Kneipenbummel auf zwei von Münsters beliebtesten Straßen bietet es sich an, zum Hawerkamp weiterzuziehen. Auch der Hawerkamp ist im Süden der Stadt gelegen und gut zu erreichen. Hier reihen sich verschiedene Clubs aneinander. Die meisten Clubs bestechen durch urbane Sounds, Dancehall, r n b und Charts. Ein Blick auf die Internet- oder Facebookseiten der einzelnen Clubs lohnt sich jedoch immer, um ungewollte Überraschungen zu vermeiden. Immer mal wieder bieten die Münsteraner Clubs nämlich Special Partys an, die nicht unbedingt dem Musikgeschmack eines Durchschnittsmenschen entsprechen. Generell kann sich Münsters Nachtleben aber wirklich sehen lassen!

Royals and Rice

In diesem Buch ist nur einem Restaurant ein eigenes Kapitel gewidmet und allein diese Tatsache sollte für Sie schon Grund genug sein, dem Royals and Rice einmal einen Besuch abzustatten. Abgesehen vom Essen lohnt sich ein Besuch dieses vietnamesischen Restaurants schon allein wegen der Lage. Das Royals and Rice grenzt direkt an ein altes Antiquariat. Wer schon einmal die Fernsehsendung Wilsberg gesehen hat, sollte dieses Antiquariat direkt erkennen. Die Sendung handelt von dem Antiquar Georg Wilsberg, der Aufträge als Privatdetektiv annimmt, um sich etwas dazuzuverdienen und läuft immer im ZDF. Das echte Antiquariat neben dem vietnamesischen Restaurant dient als Drehort für Wilsbergs Antiquariat.

Vor dem Royals and Rice befindet sich die Liebfrauen-Überwasserkirche – eine der zahlreichen, sehr sehenswerten Kirchen in Münster.

Das Royals and Rice selbst zeichnet sich durch seine hervorragende vietnamesische Küche aus. Mittags werden die Speisen zu niedrigeren Preisen angeboten und der Service ist dafür etwas abgeschwächt. Abends wird der Service dafür im vollen Umfang geboten.

Besonders empfehlenswert ist hier der vietnamesische Kaffee. Dieser ist angenehm süß und schmeckt auch Leuten, die ansonsten nicht viel für Kaffee übrig haben.

Münsterländische Spezialitäten

Es ist bereits mehrfach in diesem Buch angeklungen: Die westfälische Küche ist speziell. Wer in einem von Münsters traditionellen Restaurants speist, erlebt ein Stück Kultur. Die Speisen haben gemein, dass sie oftmals sehr fleischlastig sind und Fisch nur selten darin verarbeitet wird. Grund hierfür ist Münsters Lage: In unmittelbarer Nähe finden sich keine großen Binnengewässer und auch das Meer ist weit entfernt. An dieser Stelle bekommen Sie eine Zusammenfassung von Westfalens skurrilsten Gerichten. Als kleine Anmerkung vorweg: In Münster gibt es einige Restaurants, die sich auf die traditionelle westfälische Küche spezialisiert haben. Daneben gibt es aber auch sehr moderne und sogar vegetarische oder vegane Restaurants.

PUMPERNICKEL

Beim Pumpernickel handelt es sich um ein Schwarzbrot ohne Kruste. Der Pumpernickel schmeckt leicht süßlich mit einer säuerlichen Note. Die Herkunft des Pumpernickels ist umstritten und um das berühmte Brot ranken sich zahlreiche Geschichten. Der Legende nach soll der Name „Pumpernickel“ auf Napoléon Bonaparte zurückgehen, der gesagt haben soll, dass das westfälische Brot lediglich „bon pour Nickel“ gewesen sein soll. Das bedeutet so viel, als dass der Pumpernickel einzig für sein Pferd Nickel zufriedenstellend gewesen sein soll. Andere Stimmen sagen, dass das Brot von einem Nikolaus Pumper im 15. Jahrhundert erfunden wurde und dieser somit der Namensgeber sei. Wieder andere sehen in dem Begriff „Pumpernickel“ einen Hinweis auf seine blähende Wirkung: Ihnen zufolge setzt sich der

Name aus den westfälischen Begriffen Pumper (Furz) und Nickel (Dämon) zusammen.

Der Pumpernickel wird in den westfälischen Gerichten äußerst einfallsreich verarbeitet. So stellen echte Westfalen Brotsuppe oder Quarkspeisen mit dem festen Schwarzbrot her.

BLINDHUHN

Die Namensgebung der verschiedenen Gerichte der westfälischen Küche ist äußerst interessant: Wer würde zum Beispiel darauf kommen, dass die traditionelle Speise mit dem Namen „Blindhuhn" rein gar nichts mit Hühnerfleisch zu tun hat? Zwar setzt sich der Eintopf aus allerhand unterschiedlichen Zutaten zusammen (und zwar aus Bohnen, Kartoffeln, Karotten, Birnen, Äpfeln und Schweinespeck), aber von Hühnerfleisch fehlt jede Spur. Der Name des Gerichts geht zurück auf das Sprichwort „Auch ein blindes Huhn findet mal ein Korn" und das bedeutet so viel, als dass jeder in diesem Eintopf etwas findet, was ihm schmeckt.

WURSTEBROT

Das Wurstebrot vereint die Vorliebe der Westfalen für Brot mit ihrer Vorliebe für Fleisch. Bestehend aus Blut, Roggenschrot, fettem Speck, Schweinefleisch, Mehl und Gewürzen scheint es beinahe perfekt für jeden echten Westfalen zu sein. Häufig wird Wurstebrot zusammen mit Leberbrot in dicke Scheiben geschnitten und in der Pfanne gebraten gegessen. Manchmal werden Apfelscheiben süßer Äpfel mit in die Pfanne gegeben und verleihen dem Wurstebrot eine fruchtig-süße Note.

TÖTTCHEN

Töttchen galt früher als Arme-Leute-Essen. Das liegt darin begründet, dass beim Töttchen die eher unbeliebten Teile vom Rind zu einem Ragout verarbeitet werden. Früher nahm man hierzu den Kalbskopf und Innereien vom Rind, wie die Lunge oder das Herz. Heute wird für das Töttchen vorwiegend Kalbsfleisch und Kalbszunge verwendet.

Epilog

Versetzen wir uns einmal zurück in die eingangs beschriebene Situation auf dem Marktplatz. Hier hatten wir noch das Gefühl, dass Münster ein wenig hinterherhängt bzw. dass die Zeit hier still zu stehen scheint. Hat sich dieser Eindruck nun bestätigt?

Münster erscheint sehr friedlich und konservativ. Dieser altmodische Hang hat jedoch auch seinen Charme. Münster ist nicht verstaubt. Stattdessen hält man an Traditionen und Altbewährtem fest. Und dennoch hängt Münster seiner Zeit in keiner Weise hinterher. Die Domstadt vereint alle Errungenschaften und Möglichkeiten des 21. Jahrhunderts. Kultur wird großgeschrieben: Theater, Kinos und Konzerthallen befinden sich verteilt in der Stadt. Aber auch Museen und andere Freizeitmöglichkeiten gibt es in Hülle und Fülle. Und diese Freizeitmöglichkeiten sind oft wahre Highlights. Wo sonst kann man direkt nach einem Spaziergang durch den Allwetterzoo noch einen Abstecher durch das Planetarium machen? Von der studentischen Seite müssen wir gar nicht erst anfangen. Hier gibt es schier unendliche Möglichkeiten.

Es gibt also einen Haufen Dinge, die man in Münster und im Umland Münsters erleben kann. Egal ob sie alleine, mit dem Partner, mit Freunden oder mit der ganzen Familie nach Münster fahren: Langweilig wird es so schnell nicht. Münster ist mit seinen etwa 300.000 Einwohnern keine Großstadt, aber die gemütliche Domstadt ist auf (Tages-) Touristen ausgerichtet und hat darum trotz der eher beschaulichen Größe viel zu bieten. Es wäre daher schade, wenn man bei der Planung seines nächsten Städteausflugs nur an Städte wie Köln, Düsseldorf und Hamburg denkt. Münster muss sich in keiner Weise hinter den noch größeren Städten verstecken.

Was sollten Sie also aus diesem Reiseführer mitnehmen? Natürlich den Eindruck, dass Münster tatsächlich die lebenswerteste Stadt von Nordrhein-Westfalen ist und dass Sie bei der Planung Ihres nächsten Städtetrips immer erst an die Domstadt denken sollten!

Packliste

Geld & Finanzen

O (evtl.) Auslandswährung
O Bargeld
O Bauchtasche
O Brustbeutel
O Bauchtasche
O EC-Karte
O Kreditkarte
O Notfall-Telefonnummern der Banken
O Portmonee

Hygiene

O Haarbürste / Kamm
O Deo (klein)
O Shampoo
O Kulturtasche
O Sonnencreme
O Taschentücher

O Reise-Zahnbürste und Zahnpasta
O Verhütungsmittel

Kleidung

O Badeklamotten
O Gürtel
O Hosen kurz / lang
O Mütze / Cap / Hut
O Pullover
O Regenjacke
O Schlafanzug
O Socken
O Sonnenbrille
O Sportklamotten / Jogginghose
O T-Shirts
O Unterwäsche

Medikamente

O Blasenpflaster
O Anti-Durchfalltabletten
O Erste-Hilfe-Set

O Fiebertabletten
O Fiebertabletten
O Mückenschutz
O sonstige Medikamente
O Pflaster
O Kopfschmerztabletten

Unterlagen & Papiere

O ADAC Unterlagen
O Adresslisten für Postkarten
O Krankversicherungsnachweis
O Stadtplan
O Führerschein
O Unterlagen für die Unterkunft
O Wasserdichte Hülle für Reiseunterlagen
O Impfausweis
O Mietwagenunterlagen
O Personalausweis
O Reisepass
O Reisetagebuch
O evtl. Studentenausweis

O evtl. Visum
O Zug- / Bahn- / Flugticket

Taschen & Rucksäcke

O Koffer / Trolley / Reisetasche
O Regenhülle für Rucksack
O Rucksack

Schuhe

O Badeschlappen / Hausschuhe
O Schuhe und Wechselschuhe

Sonstiges

O Brille / Kontaktlinsen und Etui
O Buch zum Lesen
O Ohrenstöpsel und Schlafmaske
O Regenschirm
O Reisedecke
O Wasserflasche
O Wörterbuch

Elektronik

O Digitalkamera
O Handy
O Ladekabel
O Kopfhörer
O evtl. Steckdosenadapter
O Power-Bank

Herstellung und Verlag:
BoD – Books on Demand, Norderstedt
ISBN: 9783751970341

1. Auflage

Kontakt: Psiana eCom UG/ Berumer Str. 44/ 26844 Jemgum

Covergestaltung: Fenna Larsson
Coverfoto: depositphotos.com

FSC
www.fsc.org
MIX
Papier aus verantwortungsvollen Quellen
Paper from responsible sources
FSC® C105338